Norbert Lammert

Demokratie braucht Demokraten

Norbert Lammert

Demokratie braucht Demokraten

Freiheit bedeutet Verantwortung

benno

Bibliografische Information der Deutschen Nationalbibliothek
Die Deutsche Nationalbibliothek verzeichnet diese Publikation
in der Deutschen Nationalbibliografie;
detaillierte bibliografische Informationen sind im Internet über
http://dnb.d-nb.de abrufbar.

ISBN 978-3-7462-5472-2

Umschlaggestaltung: Rungwerth Design, Düsseldorf
Porträtfoto, Rückseite: © Konrad-Adenauer-Stiftung
Gesamtherstellung: Kontext, Dresden (A)

Inhalt

Von Weimar über Bonn nach Berlin

Das Jahr 2019 bietet mit drei runden Jahrestagen Anlass, an herausragende Ereignisse in der jüngeren Geschichte unseres Landes zu erinnern, die jeweils tief greifende Veränderungen der politischen Entwicklung gewesen sind: Vor hundert Jahren wurde mit der von der Weimarer Nationalverfassung verabschiedeten Verfassung die erste, früh gescheiterte deutsche Republik gegründet. Dass die Weimarer Verfassung mit dem, was sie sich vorgenommen hatte, aus vielerlei Gründen nach weniger als 14 Jahren zu Ende war und spätestens mit dem berüchtigten Ermächtigungsgesetz vom 24. März 1933 ausgehebelt und aufgehoben wurde – formaljuristisch auf dem beachtlichen Wege der Selbstabdankung des Parlaments –, das gehört zu den bedenklichen und bedenkenswerten Erfahrungen unserer Verfassungsgeschichte. Dreißig Jahre später, nach der größten Verirrung

der deutschen Geschichte und einem zweiten verheerenden Weltkrieg, wurde im Parlamentarischen Rat in Bonn mit dem Grundgesetz das Fundament für die heutige deutsche Demokratie gelegt, die inzwischen siebzig Jahre alt geworden ist – und zugleich ein zweiter deutscher Staat, der seinen Anspruch einer „Deutschen Demokratischen Republik" zu keinem Zeitpunkt gerecht wurde und vor dreißig Jahren mit dem Fall der Berliner Mauer am Freiheitswillen seiner Bürger endgültig gescheitert ist.
Die nachhaltige Bedeutung dieser historischen Wegmarken ist eine besonders gute Gelegenheit, über die geschriebene und die gelebte Verfassung unseres Landes nachzudenken, über Ansprüche und Realitäten, Erwartungen und Enttäuschungen. Das Thema ist gewiss nicht neu, aber offensichtlich nicht überholt, es stellt sich im Blick auf aktuelle Herausforderungen wieder neu.
Dieses Buch basiert auf drei Reden zu diesen historischen Jubiläen und ihren Verbindungen. Der Text soll ein Beitrag zu Selbstvergewisserung der Grundlagen eines demokratischen Staates und

einer freiheitlichen Gesellschaft sein, die ihre Stabilität nicht den Formulierungen einer Verfassung verdankt, sondern dem politischen Engagement aufgeklärter Demokraten.

Flagge zeigen! – Leitkultur?

In Zeiten von Fußballweltmeisterschaften oder Olympischen Spielen klingt die Aufforderung, Flagge zu zeigen, einigermaßen überflüssig, beinahe übermütig. Aber es ist wahrscheinlich schon mehr als ein schöner Zufall, dass die erste allgemein so wahrgenommene deutsche Bereitschaft, öffentlich Flagge zu zeigen, im Rahmen einer auf deutschem Boden ausgetragenen Fußballweltmeisterschaft, also 2006, und damit mehr als ein halbes Jahrhundert nach Gründung dieser Republik, stattgefunden hat.

Tatsächlich lässt sich schwerlich bestreiten und im Übrigen ja auch hinreichend gut erklären, dass die Deutschen ein etwas komplizierteres Verhältnis zu ihrem Land und seiner Geschichte haben und dass es offenkundig noch am leichtesten fällt, sich auf die Verfassung zu einigen; wobei diese schöne Einigung alleine, wenn es denn das Einzige ist, worin sich das Selbstverständnis dieses

Landes ausdrücken ließe, zugleich wieder ein Indiz für die Verlegenheit wäre, mit der man mit allem anderen umgeht oder nicht umgeht, was auch mit diesem Land und seiner Geschichte und seiner Gegenwart und nicht zuletzt auch seinen Zukunftsperspektiven zusammenhängt.

Die Diskussion, ob es, und wenn ja, was es in einer Gesellschaft über die Verfassung hinaus an Gemeinsamkeiten und Verbindlichkeiten gibt, geben soll, vielleicht geben muss, hat in Deutschland zum ersten Mal in einer breiteren Weise in der zweiten Hälfte der 1990er-Jahre stattgefunden und damit in einem immer noch engen zeitlichen Zusammenhang zur Wiederherstellung der Deutschen Einheit, die dafür zweifellos auch einen passenden Anlass geboten hat, einschließlich der schnell zu Ende gebrachten Verfassungsdebatte, aber auch einer ersten größeren Migrationsbewegung, die damals im Zusammenhang mit den Balkankriegen entstanden war und in deren Folge eine für deutsche Verhältnisse erstmals größere Zahl von Menschen aus einem auch kulturell anders geprägten Herkunftsraum nach Deutschland gekommen ist.

Damals ist zum ersten Mal eine Diskussion entstanden, ob es über die rechtliche Verfassung einer Gesellschaft hinaus auch so etwas wie eine kulturelle Verfassung der Gesellschaft gibt, geben kann, geben muss und ob sich das, was man mit einer solchen über rechtliche Verpflichtungen und Ansprüche hinausgehenden kulturellen Ordnung ausdrückt, formulieren lässt. Es gibt einen bis heute nicht entschiedenen, aber interessanterweise ständig fortgesetzten Streit, ob es in einer modernen liberalen Gesellschaft eigentlich so etwas wie eine Leitkultur geben könne.

Tatsächlich gibt es Begriffe, die zur Verdeutlichung dessen, worum es geht, nur begrenzt geeignet sind, ohne die möglicherweise die Debatte aber gar nicht entstanden wäre, die wir in jedem Fall dringend führen müssen. Der Begriff „Leitkultur" gehört für mich in genau diese Kategorie: Als unmissverständliche Beschreibung dessen, worum es geht, ist der Begriff nur begrenzt geeignet, aber als Reizwort umso besser, um eine Debatte zu provozieren, die die einen dringend und die anderen auf gar keinen Fall führen wollen, die manche für dringend nötig und andere für scheinbar völlig überflüssig erklären.

Zunächst will ich eine Klarstellung vortragen, die hoffentlich nicht streitig ist, nämlich die Klarstellung, was mit einem solchen Begriff sicher nicht gemeint sein kann. Jede aufgeklärte Kultur wird sich selbst nicht für die einzige, einzig mögliche, allen anderen überlegene halten können. Anders formuliert, man kann die großen Kulturen der Menschheit, ob bei den Phöniziern angefangen oder den Ägyptern, den Griechen, den Römern über die Mayas, die Inkas, die Chinesen bis in die Neuzeit, man kann die großen Kulturen der Menschheit relativ leicht in eine zeitliche Reihenfolge bringen. Sie in eine Rangfolge bringen zu wollen scheint mir ein nicht nur kühnes, sondern ein hoffnungsloses, auch beinahe widersinniges Anliegen zu sein. Wenn es also überhaupt so etwas gibt wie eine leitende, eine Anspruch oder Geltung beanspruchende Kultur in einer Gesellschaft, dann kann das nicht der Anspruch sein, über die eigene Gesellschaft, das eigene Land hinaus überall und für alle in gleicher Weise zu gelten, sondern für die jeweils eigene Gesellschaft, für das jeweils eigene Land. Jede Kultur, die sich ernst nimmt, ist insoweit eine Leitkultur.

Von Adolf Muschg, einem für diese Diskussion relativ unverdächtigen Zeitgenossen – Schweizer, einige Jahre Präsident der Akademie der Künste in Berlin, Träger fast aller bedeutender deutscher Literaturpreise –, stammt aus einem ähnlichen Diskussionszusammenhang die schöne Bemerkung: Brauchen wir eine Leitkultur? Antwort: Der Westen braucht keine Leitkultur, er ist eine. Ob ein so scharfsinniger und sensibler Beobachter wie Adolf Muschg heute mit Blick auf aktuelle Diskussionen im Westen und seinem mindestens in Teilbereichen erodierenden Selbstverständnis noch zu dieser prägnanten Situationsbeschreibung käme, gehört zu den Fragen, die jedenfalls eine intensive Beschäftigung lohnen.

Gemeinsamkeiten machen Unterschiede erträglich

Dass Menschen Orientierungen brauchen, welche auch immer, weil sie Halt brauchen, wenn sie sich im Leben behaupten wollen, um mit den Herausforderungen fertigzuwerden, die sie oft absehbar, aber eben auch oft nicht absehbar erreichen, um mit Widerständen fertigzuwerden, bei denen man sich an irgendetwas festhalten muss, darüber gibt es keinen ernsthaften Streit. Dass auch ganze Gesellschaften Orientierungen brauchen, gemeinsame Überzeugungen, auch Verbindlichkeiten, um die Unterschiede zu ertragen, die es gibt und die man weder aufgeben will noch soll, müsste eigentlich vor dem Hintergrund dieser Lebenserfahrungen sofort einleuchten. Tatsächlich gelingt aber genau diese Übersetzung im gesamtgesellschaftlichen Dialog oft nicht. Nicht selten erklären die gleichen Leute, die für sich im privaten Umfeld natürlich solche Orientierungen,

auch Verbindlichkeiten, für völlig unverzichtbar halten, diese als Vorgabe für eine Gesellschaft für disponibel, verzichtbar oder überflüssig.
Ich glaube, dass neben den schon spezifisch deutschen Unsicherheiten, die ich bereits erwähnt habe, auch ein allgemeinerer Reflex eine Rolle spielt: das komplizierte Verhältnis von Freiheit und Bindung. Jeder will frei sein, und die Vorstellung, dass es so etwas wie nicht beliebig auflösbare Bindungen gibt, steht einem solchen spontanen Freiheitsverhältnis im Wege. Es limitiert Spielräume. Verdrängt wird allerdings regelmäßig, dass Freiheit Bindungen voraussetzt, ohne die sie sich gar nicht entfalten kann. Und da sind wir vielleicht bei einem der hartnäckigsten Missverständnisse in modernen liberalen Gesellschaften, nämlich die weitverbreitete Erwartung, frei sei eine Gesellschaft nur dann, wenn in ihr über den eigenen Willen hinaus nichts unbedingt gilt. Tatsächlich liberal ist eine Gesellschaft aber nur dann, wenn es in ihr die Einsicht gibt und auch durchgesetzt wird, dass es ein Mindestmaß an Verbindlichkeiten für alle gibt und geben muss, weil dies die

Voraussetzung der Möglichkeit von Freiheit ist. Eine meiner zentralen Überzeugungen ist genau diese Erfahrung, dass eine Gesellschaft die Unterschiede, die es in ihr gibt, nur dann erträgt, wenn es ein Mindestmaß an Gemeinsamkeiten gibt.
Vielleicht wird das plastischer und plausibler, wenn man von der abstrakten Ebene gesamtgesellschaftlicher Bezüge, wo wieder jeder gemeint ist und keiner sich gemeint fühlt, auf eine sofort nachvollziehbare lebenspraktische Ebene geht. Ich bin in einer großen Familie aufgewachsen und habe selber eine nach heutigen Verhältnissen wieder relativ große Familie. Da ist mir von Kindesbeinen an die Unterschiedlichkeit von Menschen sehr vertraut einschließlich des Umstandes, dass selbst unter gleichen, beinahe identischen Lebensverhältnissen die Unterschiede zwischen den lebenden Exemplaren nicht weniger bemerkenswert sind als die Gemeinsamkeiten. Und natürlich ist mir bewusst, dass es in ein und derselben Familie keineswegs in allem und jedem einheitliche Vorstellungen, einheitliche Gewohnheiten, einheitliche Erwartungen und Absichten geben

muss. Es müssen nicht alle Frühaufsteher sein, es müssen nicht alle Mahlzeiten gemeinsam eingenommen werden, es müssen nicht alle Fußballfans sein oder Krimifans, und die Frage, ob abends dieses oder jenes im Fernsehprogramm geschaut wird, lässt sich inzwischen notfalls auch durch Zweit- und Drittgeräte lösen. Man muss auch nicht jedes Jahr gemeinsam in den Urlaub fahren, und die Frage, ob, wenn man gemeinsam in den Urlaub fährt, es dann auf jeden Fall in die Berge oder unbedingt an die See gehen muss, über all das kann es in ein und derselben Familie ausgeprägt unterschiedliche Auffassungen geben. Nur eins ist sicher: Wenn nichts von alledem mehr gemeinsam ist, gibt es die Familie nicht mehr. Es gibt sie nur noch als Begriff, aber nicht mehr als Lebenswirklichkeit. Ohne ein Mindestmaß an Gemeinsamkeiten hält kein Sozialverband die Unterschiede aus, die es zwischen lebenden Menschen nun einmal gibt und die das große Versprechen einer liberalen Gesellschaft sind.
Zum Spannungsverhältnis von individueller Freiheit und gesellschaftlichen Bindungen gibt es eine

ebenso prominente wie ernüchternde Bemerkung von Jean-Jacques Rousseau; sie stammt aus einer Zeit, als man überhaupt zum ersten Mal ernsthaft über so etwas Ähnliches nachgedacht hat wie das, was uns heute mit Blick auf den Demokratiebegriff vorschwebt: „Eine echte Demokratie hat es nie gegeben und wird es auch niemals geben. Denn es verstößt gegen die natürlich Ordnung, dass die Mehrheit regiert und die Minderheit regiert wird."

Wenn das die ganze Wahrheit wäre, könnten wir alle Hoffnung fahren lassen. Denn gemessen an diesem Anspruch, dass es bitte nicht zumutbar sei, dass irgendetwas gegen meinen Willen stattfindet und Geltung beansprucht, unter dieser Erwartung ist gesellschaftliche Ordnung nicht herstellbar. Wenn denn schon im zivilen Leben, im privaten, im beruflichen Leben ein solcher Zustand – nämlich nie Gegenstand fremden Willens zu sein – nicht herstellbar ist, dann ist die Vorstellung schon einigermaßen luxuriös, dass es dann bitte schön aber im gesamtstaatlichen Rahmen hergestellt werden müsse. Mit anderen Worten:

Bei realistischer, nüchterner Betrachtung der Dinge reden wir nicht über die Frage, ob die Durchsetzung fremden Willens überhaupt möglich und zumutbar ist, sondern unter welchen Bedingungen das stattfindet.

Verfassungen sind nicht Ersatz, sondern Ausdruck der Kultur einer Gesellschaft

Verfassungen definieren Verbindlichkeiten, die der Staat gegenüber der Gesellschaft durchzusetzen hat. Deswegen ist es auf der einen Seite nötig, aber, wie wir sehen werden, eben doch nicht ausreichend, sich jedenfalls auf die Verfassung gemeinsam zu beziehen. Bei genauem Hinsehen bringt jede relevante Rechtsnorm eine kulturell gewachsene und begründete Überzeugung zum Ausdruck, der sie nicht ihre Geltung, wohl aber ihre Plausibilität verdankt. Es gibt keine Rechtsnormen, die vom Himmel fallen. Rechte und Pflichten, da wo sie kodifiziert werden in Form von Gesetzen oder gar in Form einer Verfassung, sind – logisch betrachtet – willkürliche Prioritäten, was in einer Gesellschaft erlaubt sein soll und was verboten sein soll, und die Begründung für die Erlaubnis wie für das Verbot ist immer kulturell.

Deswegen ist der Begriff des Verfassungspatriotismus eine ebenso sympathische wie, bei genauem Hinsehen, fragwürdige Verkürzung. Verfassungspatriotismus ist der scheinbar geniale Ausweg einer selbstreferenziellen Identifikation, die Selbstverständigung über eine Verfassung, die sich scheinbar aus sich selbst versteht. Verfassungen verstehen sich aber nie aus sich selbst. Sie sind kein Ersatz, sondern immer Ausdruck der Kultur eines Landes. Sie sind Ausdruck der Erfahrungen, die ein Land mit sich selbst gemacht hat, der Einsichten, die aus diesen Erfahrungen entstanden sind oder eben nicht entstanden sind, der Überzeugungen, die in einer Gesellschaft über Generationen, manchmal über Jahrhunderte gewachsen sind, der Prinzipien und Regeln, die sich aus solchen Überzeugungen und Orientierungen ergeben haben und von denen die große Mehrheit einer Gesellschaft gemeinsam glaubt, dass sie gelten sollen. Es handelt sich also nicht um einen Naturzustand, sondern um einen kulturell geprägten sozialen Prozess.

Dies ist zugleich eine hinreichende Erklärung

dafür, warum wir auf diesem Globus unter rund 200 existierenden Staaten keine zwei identischen Verfassungen haben. Eine übrigens auch hinreichende Erklärung dafür, warum nach dem komplettesten Zusammenbruch, den es jedenfalls in der deutschen Geschichte, vielleicht überhaupt in der Menschheitsgeschichte, gegeben hat, nämlich einem gleichzeitigen politischen, militärischen, wirtschaftlichen, sozialen und kulturellen Niedergang, die Verfassungsväter und Verfassungsmütter vor 70 Jahren, nachdem sie die Möglichkeit hatten, die vorläufigen Rahmenbedingungen eines provisorischen westdeutschen Staates zu formulieren, nicht gesagt haben, jetzt kopieren wir mal die beste existierende Verfassung der Welt, sondern sich mit einem bewundernswerten Geschick darum bemüht haben, unter Berücksichtigung der Erfahrungen anderer Länder Schlussfolgerungen aus den Erfahrungen zu ziehen, die dieses Land mit sich selbst gemacht hat. Und es gibt vielleicht auch keine zweite Verfassung der Welt, in der dieser Zusammenhang eines konkreten Landes, seiner Verfassung und den ihr zugrunde liegenden Überzeugungen auch in der Formulierung so demonstrativ auffällt und ausfällt wie im Grundgesetz.

Im Nachrichtenmagazin „Spiegel" war vor einiger Zeit ein interessantes Interview mit David Miller zu lesen, einem amerikanischen Professor für politische Theorie in Oxford, in dem es nicht nur, aber auch um Migration und damit verbundene kulturelle Herausforderungen geht. Auf eine entsprechende Frage sagt David Miller: „Ich glaube, dass ein Land das Recht hat, seine historisch gewachsene Mehrheitskultur zu schützen. Mit der nationalen Identität gehen ein Vertrauen und eine Art Solidarität einher, die fehlen, wenn man nur auf ökonomische, rechtliche und politische Beziehungen blickt. Der in Deutschland von Jürgen Habermas popularisierte Begriff des Verfassungspatriotismus erscheint mir zu dürftig." Zu dürftig heißt eben nicht: falsch. Aber er verkürzt Zusammenhänge auf einen Text, auch nicht auf irgendeinen Text, sondern auf den wichtigsten einzelnen Text, der die Verbindlichkeiten dieser

Gesellschaft regelt, aber als Begriff ausklammert, dass diese Verbindlichkeiten Voraussetzungen haben, die sich vor dem Text ergeben. Oder anders formuliert: Wenn ich diese Voraussetzungen, auf denen eine Verfassung beruht, für dispositionsfähig erkläre, erodiert perspektivisch jede Verfassungsordnung. Denn wenn in dieser Gesellschaft die Orientierungen, die Überzeugungen, die Erfahrungen verloren gehen oder für gegenstandslos, für überholt erklärt werden, dann zieht man gewissermaßen der Verfassung den Boden weg, auf dem sie steht, und dann wird sie nicht länger stabil bleiben können.

Zweifel und Fragezeichen sind Kennzeichen der westlichen Zivilisation

Wenn ich unter diesem Gesichtspunkt unterschiedliche Gesellschaften und ihre jeweilige historische Entwicklung auf das Verhältnis von Freiheiten und Bindungen, von Dispositionen und Verbindlichkeiten untersuche, dann bleibt als ein Spezifikum des Westens, der westlichen Demokratien, die sich im Übrigen ja auch erst sehr spät aus einer jahrhundertelangen Entwicklung heraus etabliert haben, die überragende Bedeutung von Vernunft und Glauben als zentrale Orientierungen westlicher Gesellschaften. Dieser Zusammenhang ist nirgendwo früher, nirgendwo klarer formuliert worden als in dem denkwürdigen Dialog von zwei Geistesgrößen, die sich in der Katholischen Akademie in München überhaupt zum ersten Mal persönlich begegnet sind, nämlich dem damaligen Präfekten der Römischen

Glaubenskongregation, Kardinal Joseph Ratzinger, und Jürgen Habermas.
Von dem Dialog, der glücklicherweise dokumentiert und nach wie vor zugänglich ist, haben sich nach meiner Beobachtung die beiden jeweiligen Fanklubs bis heute nicht richtig erholt, denn das, was die sich in diesem Gespräch gewissermaßen wechselseitig an Überzeugungen und Relativierungen zugespielt oder aus der Perspektive ihrer Anhänger zugemutet haben, ging offenkundig über das Vorstellungsvermögen hinaus, was man bei beengter Betrachtungsweise für naheliegend hielt. Diese Verbindung, diese wechselseitige Begründung, ihre Widersprüche und die Relativierung des einen durch das andere, die Relativierung der Vernunft, also einer instrumentellen Vernunft durch Glaubensüberzeugung, oder, allgemeiner formuliert, kulturell gewachsene Orientierung, sowie umgekehrt die Relativierung von Glaubensüberzeugungen durch Vernunftkalküle, und das ständige Suchen nach einer neuen Balance zwischen dem einen und dem anderen, beispielsweise mit Blick auf Gentechnologie, auf die

Möglichkeiten moderner Biomedizin, die Möglichkeiten der Manipulierbarkeit des Entstehens und Beendens menschlichen Lebens, wo man weder alleine mit instrumenteller Vernunft noch gewiss allein mit religiösen Überzeugungen zurande kommt: Das ist ein herausragendes Merkmal der westlichen Zivilisation – sollte es jedenfalls sein und nach meiner Überzeugung bleiben. Es macht übrigens unsere Kultur nicht notwendigerweise besser als andere, aber jedenfalls anders.
Schließlich: Zweifel sind nicht nur erlaubt, sondern geboten. Sie sind ein unverzichtbares Merkmal der westlichen Zivilisation, gewissermaßen die eingebaute Unruhe einer unverwüstlichen Uhr, die uns durch die Zeiten begleitet, spätestens seit der Aufklärung. Seit der Aufklärung also steht hinter jeder Behauptung nicht mehr ein Punkt, sondern ein Fragezeichen. Auch das ist eine kulturell gewachsene Tradition.
Und wie nennt man das jetzt? Leitkultur? Die klügste Antwort zu dieser Frage stammt von Richard Schröder, der sie nicht beantwortet hat, aber für eine ähnlich komplizierte, auch ähnlich

emotional aufgeladene Frage eine Empfehlung gegeben hat, der ich mich sofort anschließen könnte und möchte. In der damaligen Debatte, ob die DDR ein Unrechtsstaat war und ob man sie, wenn sie es denn war, auch tatsächlich so nennen dürfe, hat Richard Schröder damals in einem Interview die kluge Empfehlung gegeben: „Nennt es, wie ihr wollt, aber vergesst nicht, wie es war." Das ist meine Empfehlung auch für dieses Thema: Nennt es, wie ihr wollt, aber vergesst die Zusammenhänge nicht, um die es geht.

Die Weimarer Verfassung: ein guter Text für schlechte Zeiten?

Wir erinnern in diesem Jahr aus gegebenem Anlass nicht nur an die Weimarer Nationalversammlung und den ersten Versuch, in Deutschland – einem damals noch vergleichsweise jungen Nationalstaat – eine demokratische Verfassung zu etablieren, sondern wir reden gleichzeitig – ein schöner Zufall – über den 70. Geburtstag des Grundgesetzes, dem zweiten Versuch, in Deutschland Demokratie zu praktizieren, der immerhin deutlich länger hält als der erste. Dass die Weimarer Verfassung, die in der Tradition der gescheiterten Bemühungen der Frankfurter Paulskirche zweifellos eine auch im internationalen Vergleich beachtliche Verfassung war, dennoch nicht zur Grundlage eines stabilen demokratischen Staates wurde, ist ein doppeltes Indiz für die Bedeutung und die begrenzte Wirkung von Verfassungstexten für die tatsächliche politische Entwicklung.

Über Glanz und Elend der Weimarer Demokratie sind inzwischen ganze Regalmeter an Literatur veröffentlicht. Ich zögere auch sehr, sie jetzt – notwendigerweise willkürlich – beispielhaft zu zitieren. Aber ich will doch meinen Eindruck erläutern, dass die Weimarer Demokratie an vielerlei und vor allen Dingen am Zusammenwirken von vielen erschwerenden Rahmenbedingungen gescheitert ist, sicher aber nicht am Verfassungstext der Weimarer Republik.
Zu den hübschen und wie ich finde nicht nur illustrierenden Anekdoten der damaligen Zeit gehört, dass über diese neue Verfassung für eine Deutsche Republik nicht in Berlin, der deutschen Hauptstadt, sondern in Weimar in nicht weniger als 87 Plenarsitzungen eines eigens zu diesem Zweck zusammengetretenen Nationalkonvents verhandelt wurde und sie dann am 31. Juli 1919 mit einer Mehrheit von 262 gegen 75 Stimmen verabschiedet wurde. Diese damals erarbeitete und verabschiedete Verfassung wurde am 11. August vom Reichspräsidenten Friedrich Ebert unterzeichnet – übrigens nicht in Weimar, sondern

in Schwarzburg, einem thüringischen Erholungsort, und zwar in einem Nebengebäude des Hotels Weißer Hirsch, in dem Ebert damals wohnte. Im Unterschied zur Verfassung existiert das Hotel bis heute; ein dezenter Hinweis auf die relative Haltbarkeit bedeutender Institutionen des Staates und der Zivilgesellschaft.

Ein herausragendes Ereignis der deutschen Demokratiegeschichte war die Weimarer Nationalversammlung im Übrigen schon deshalb, weil sie die erste und einzige in Deutschland jemals allgemein und demokratisch gewählte, verfassunggebende Nationalversammlung war. Die Beschäftigung mit dem damals erarbeiteten Verfassungstext ist unter vielerlei Gesichtspunkten mindestens aufschlussreich, und sie hat ja auch nachweislich weit über ihre eigene Haltbarkeit hinaus eine inspirierende Wirkung nicht nur für spätere deutsche, sondern auch für andere europäische und außereuropäische Verfassungen gehabt. Man wird ihr auch attestieren müssen, dass sie in mancherlei Hinsicht durchaus modern, jedenfalls innovativ war. Mindestens für Deutschland ist es die erste Verfassung,

die die Legitimation staatlicher Macht und aller öffentlichen Ämter durch Wahlen für ultimativ erklärt. Auch das Amt des Staatsoberhauptes ergibt sich eben nicht durch Erbfolge, sondern durch Wahl, und zwar durch direkte Wahl aller wahlberechtigten Staatsbürgerinnen und Staatsbürger. Zu den Innovationen dieser Verfassung gehörte nicht nur für Deutschland, sondern auch im Vergleich zu manchen längst etablierten Demokratien in anderen europäischen Staaten die Einführung des Frauenwahlrechts – da waren wir eine Spur schneller als manche andere Länder, denen wir im Demokratieprozess eher nachhinkten.
Es gibt einen weiteren Punkt, bei dem die Weimarer Verfassung Maßstäbe gesetzt hat, und zwar solche, die bis heute ihre Relevanz nicht eingebüßt haben – und das ist der im Ganzen damals nicht nur unternommene, sondern auch gelungene Versuch, das Verhältnis von Staat und Religion, von Politik und Religion, von Staat und Kirchen zu regeln. Die damals in der Weimarer Verfassung gefundenen Regelungen zum Staatskirchenrecht haben die Verfassungsväter und Verfassungsmüt-

ter des Grundgesetzes im Wortlaut übernommen und ins Grundgesetz integriert, sodass an dieser Stelle die Kontinuität einer deutschen Verfassungsgeschichte bis in die Formulierungen hinein besonders augenfällig ist.

Gereicht hat das alles allerdings nicht, um die mit diesem Anspruch, mit dieser Erwartung, mit diesen Absichten begründete deutsche Republik zu einer mehr als nur vorübergehenden Episode der deutschen Geschichte werden zu lassen.

Es lohnt, auch und gerade mit Blick auf das Grundgesetz und die heutigen scheinbar sehr viel stabileren, gesicherteren demokratischen Verhältnisse, sich anzusehen, warum diese erste deutsche Demokratie so schnell gescheitert ist und warum eine Verfassung, die sich im Übrigen kaum weniger eindrucksvoll liest als das Grundgesetz, diesen Zusammenbruch einer deutschen Demokratie nicht verhindern konnte.

Das erste naheliegende Argument, diese Verfassung sei unter extrem schwierigen Bedingungen zustande gekommen, ist ebenso zutreffend wie unzureichend. Zutreffend, weil Deutschland ge-

rade einen Krieg verloren hatte, unter nicht nur starker Beobachtung, sondern starkem Druck der Siegermächte stand, die aber im Unterschied zur Situation 1945 oder 1949 nicht Besatzungsmächte waren. Es gab einen souveränen deutschen Staat, sodass all das, was man zur Erläuterung der schwierigen Bedingungen nach dem Ersten Weltkrieg und als erschwerte Startbedingung für die erste deutsche Demokratie vortragen kann, in noch verschärfterer Form für die Startbedingungen nach dem Zweiten Weltkrieg zutrifft.
Zu den Bedingungen, unter denen die Weimarer Verfassung entstanden ist, gehört der Sturz einer Monarchie, die zum Zeitpunkt, als sie stürzte, jedenfalls mindestens so viele Anhänger hatte wie die Republik, die es noch nicht gab, am Ende eines Weltkrieges, an dessen Ausbruch das Deutsche Reich ganz sicher auch maßgeblich beteiligt war – bei dem aber weder Deutschland noch irgendeine andere der Krieg führenden europäischen Nationen sich mit der Frage beschäftigte, was die Ursache dieses Krieges war. Denn zum damaligen Selbstverständnis der rivalisierenden

europäischen Großmächte gehörte es, sich für eine mögliche gemeinsame Zukunft nicht zu interessieren, dafür aber umso mehr für die abschließende Klärung der Frage, welche von ihnen die bedeutendste sei. Hinzu kam, dass die Entwicklung der Verfassung zeitlich parallel zu den Verhandlungen über einen Friedensvertrag stattfand, der wiederum in der sicher gut gemeinten Erwartung des damaligen amerikanischen Präsidenten nicht nur den Frieden unter den Krieg führenden Nationen herstellen, sondern den Frieden überhaupt für alle Zeiten sichern sollte – was genauso eindrucksvoll misslungen ist wie die Vorstellung, die demokratischste Verfassung aller Zeiten zu entwickeln.

Immerhin hat die Weimarer Verfassung zum ersten Mal in der deutschen Geschichte jede staatliche Macht demokratisch legitimiert, direkt und indirekt an Wahlakte gebunden – vom Staatspräsidenten bis hin zu den öffentlichen Verwaltungen. Dabei ist die Balance der Verfassungsorgane zwischen Exekutive, Legislative und Judikative aber nicht in einer Weise gelungen, die wirklich für dauerhaft stabile Verhältnisse hätte sorgen können – später war diese Problematik für den Parlamentarischen Rat wieder eine Herausforderung. Der sicher gut gemeinte, aber am Ende bedenkliche Effekt, dass das Staatsoberhaupt und das Parlament in gleicher Weise direkt gewählt waren – also über die gleiche demokratische Legitimation verfügten – und sich ihre Autorität in den damit verbundenen Ansprüchen wechselseitig aufrieben, war nicht die einzige, aber eine der wesentlichen Ursachen für die Instabilität des Weimarer Systems.

Es ist kein Zufall, dass keine Legislaturperiode in der Weimarer Republik zu ihrem gesetzlichen Ende gekommen ist, sondern ausnahmslos alle Parlamente vorzeitig neu gewählt werden mussten. Dazu hat im Übrigen auch ein wiederum gut gemeintes, aber nicht gut gelungenes Wahlsystem beigetragen, das mit dem Vorrang des Verhältniswahlrechts gegenüber dem Mehrheitsprinzip unter generösem Verzicht auf eine Sperrklausel mit dem hohen demokratischen Anspruch, auch kleine Minderheiten repräsentiert zu sehen, die Etablierung eines funktionsfähigen Parteiensystems nicht nur nicht gefördert, sondern nachhaltig behindert hat. Die damals nicht erwartete, aber mit der Zeit immer deutlicher zutage tretende Folge waren instabile parlamentarische Mehrheiten und damit eine nicht belastbare Basis für die Handlungsfähigkeit einer so zustande gekommenen Regierung.

In den knapp vierzehn Jahren der Weimarer Republik sind sechzehn Regierungen gestürzt mit zwölf Kanzlern und zwanzig Kabinetten. Die durchschnittliche Amtszeit von Regierungen in der Weimarer Republik betrug acht Monate. Die längste Amtszeit, die eine Regierung in der Weimarer Zeit je hatte, betrug 636 Tage – weniger als zwei Jahre. Das war das Kabinett Herrmann Müller. Die kürzeste Amtszeit hatte das Zweite Kabinett Gustav Stresemanns, das ganze 48 Tage durchhielt.

Es waren natürlich nicht nur Defizite in den institutionellen Strukturen der Verfassung, die die Weimarer Demokratie haben labil werden lassen. Aber dass diese Verfassung jedenfalls nicht gut

genug war, um für die besonderen Bedingungen, unter denen Deutschland sich nach dem Ersten Weltkrieg neu organisieren wollte, sollte und musste, den geeigneten Rahmen zu schaffen, daran ist kein Zweifel möglich.
Gelegentlich haben Kommentatoren gesagt, die Weimarer Verfassung sei eine außerordentlich gute Verfassung für eine leider außerordentlich schlechte Zeit gewesen. Da ist sicher etwas dran, aber die Qualität einer Verfassung bemisst sich eben nicht am literarischen Wert; sie konkurriert nicht um Literaturnobelpreise, sondern sie bemisst sich nach ihrer Eignung, für ein konkretes Land in einer konkreten Lage belastbare Rahmenbedingungen zu schaffen. Das ist dem Grundgesetz in einer erstaunlichen Weise gelungen, so wie es der Weimarer Verfassung eben misslungen ist.
Von der Weimarer Demokratie ist auch nicht zufällig – wenn auch sicher wieder etwas übertrieben – oft gesagt worden, sie sei eine Demokratie ohne Demokraten gewesen. Auch das ist sicher wieder zu pauschal. Richtig ist, es war eine Republik mit zu wenig engagierten Demokraten, in

der die Republikaner im Übrigen nie eine eigene Mehrheit hatten, nicht einmal für die Wahl des Staatsoberhauptes, für die es dann wiederum Hilfskonstruktionen an den Rändern des politischen Spektrums bedurfte.

Das Grundgesetz: eine der großen Verfassungen der Welt

Wenn man sich die Bedingungen betrachtet, unter denen das Grundgesetz zustande gekommen ist, wird man schwerlich sagen können, da war alles erkennbar einfach – schon gar nicht, weil selbst im Verständnis des deutschen Volkes an der Ursache für den Zweiten Weltkrieg kein ernsthafter Zweifel bestehen konnte und damit auch nicht an der Verantwortlichkeit für die unter jedem Gesichtspunkt desaströsen Verhältnisse, in denen sich unser Land befand – politisch, ökonomisch, auch moralisch.
Zu den vielen Unterschieden zwischen der Weimarer Verfassung und dem Grundgesetz gehört nicht nur, dass beide schon anders heißen, sondern dass die zweite – das Grundgesetz – sich ausdrücklich als Provisorium verstand, während die Weimarer Verfassung mit dem Anspruch statt-

fand, der Deutschen Republik eine dauerhaft demokratische Verfassung zu geben. „Die demokratischste Demokratie der Welt“ – wie der damalige Reichsinnenminister Eduard David voreilig schwärmte – wurde Weimar nachweislich nicht; es war im Übrigen ein absurder Anspruch, der zu den maßlosen Erwartungen gehörte, denen die neue Republik gar nicht entsprechen konnte.
Ein weiterer, jedenfalls nach meinem Verständnis, unauffällig auffälliger Unterschied der beiden Verfassungen: Die Weimarer Verfassung beginnt mit dem schlichten Satz: „Das Deutsche Reich ist eine Republik“ – Artikel 1, Absatz 1 der Weimarer Reichsverfassung. Das Grundgesetz beginnt mit dem nicht ganz so schlichten Satz: „Die Würde des Menschen ist unantastbar. Sie zu achten und zu schützen ist Aufgabe jeder staatlichen Gewalt.“
Allein der Vergleich der beiden Sätze macht deutlich, Verfassungen lassen sich immer nur im Kontext der geschichtlichen Umstände verstehen, unter denen sie entstanden sind. Aus der Perspektive des Jahres 1919 war die aus vielerlei

Gesichtspunkten naheliegende, wichtigste Ansage: Ab sofort ist dieser Staat eine Republik. Und dieser Republik wollen wir eine solide demokratische Grundlage verschaffen. Aus der Perspektive nach einem zweiten, von Deutschland verursachten Weltkrieg mit Millionen Toten konnte nicht mehr ernsthaft die Frage wesentlich sein: Sind wir eine Monarchie, eine Republik, eine Demokratie oder wie auch immer wir diesen Staat nennen? Sondern es wurde die Frage und ihre Klärung vordringlich: Welches Selbstverständnis haben wir eigentlich von staatlicher Ordnung und vom Verhältnis des Staates zu seinen Bürgerinnen und Bürgern?

Es beginnt schon mit der Präambel: „Im Bewusstsein seiner Verantwortung vor Gott und den Menschen …“ So etwas muss nicht in einer Verfassung stehen; in den meisten steht es auch nicht. Als wir – vor fast zwanzig Jahren – erstmals den Versuch unternommen haben, eine europäische Verfassung zu schreiben, die am Ende wegen der Ablehnung durch Volksentscheide in Frankreich und in den Niederlanden nicht zustande gekommen ist, war ja schon der Versuch gescheitert, eine ähnliche Anrufung Gottes in die Präambel zu schreiben. Und das in Europa, „im christlichen Abendland“!

Dass im Übrigen Verfassungen nur begrenzt etwas mit Empirie zu tun haben, sondern eher mit Ansprüchen, mit normativen Vorstellungen über die Gestaltung einer Gesellschaft, das lässt sich auch in keinem anderen einzelnen Satz des Grundgesetzes besser illustrieren als mit diesem Satz: Die Würde des Menschen ist unantastbar. Empirisch ist dieser Satz nämlich nicht belegbar. Wollte eine Verfassung Erfahrungstatsachen wiedergeben, müsste der erste Satz lauten: Die Würde des Menschen ist antastbar. Nirgendwo ist der Nachweis gründlicher geführt worden als auf deutschem Boden. Aus der Erfahrung dieses Umstandes ist der Anspruch entstanden – mit der auch international ebenso beispiellosen wie beispielhaften Konsequenz, dass alles, was diesem Anspruch nicht genügt, keinen Bestand hat, jedenfalls keinen legitimen im Kontext dieser Verfassung hinnehmbaren Bestand.

Sicher mindestens so wichtig ist die ausdrückliche Deklaration von Grundrechten in einer Verfassung, die sich im Übrigen im Kontext der Weimarer Verfassung kaum weniger eindrucksvoll lesen als im Grundgesetz auch – allerdings mit einer nicht nur redaktionell unterschiedlichen Maßgabe: In der Weimarer Verfassung standen die Grundrechte am Ende; etwas despektierlich formuliert waren sie die Zugabe für die Leser, die bis dahin gekommen waren. Im Grundgesetz beginnt die Verfassung mit den Grundrechten. Das kann man für eine eher ästhetische oder vielleicht auch strategische redaktionelle Präferenz halten – es war aber mehr oder besser gesagt weniger: Im Kontext der Weimarer Verfassung galten die Grundrechte nach Maßgabe der Gesetze. Das heißt, der Gesetzgeber entschied, ob und in welchem Umfang Meinungsfreiheit, Pressefreiheit, Religionsfreiheit, Koalitionsfreiheit und all die einschlägigen Grundrechte tatsächlich in der Lebenswirklichkeit verfügbar und ggf. einklagbar waren. Im Grundgesetz gelten die Gesetze nach Maßgabe der Grundrechte. Das ist die Umkehrung des Wirkungsverhältnisses. Und natürlich wäre es zur Umkehrung dieses Wirkungsverhältnisses, dass über die Rechtmäßigkeit oder genauer gesagt über die Verfassungsmäßigkeit von Gesetzen ihre Übereinstimmung mit den Grundrechten und eben nicht über die Verfügbarkeit von Grundrechten ein Gesetzestext entscheidet, ohne die traumatischen Erfahrungen schwerlich gekommen, die nach dem Scheitern der Weimarer Demokratie die eigentliche Relevanz von Grundrechten erst anschaulich gemacht haben.

Es lohnt, gelegentlich daran zu erinnern, unter welchen politischen, ökonomischen und sozialen Bedingungen diese Verfassung entstanden ist. Dass das keine „normalen" Verhältnisse waren, ist nicht weiter erläuterungsbedürftig. Aber dass sich damals viele nicht aus Übermut, sondern aus begründeten Zweifeln an den Aussichten der eigenen Anstrengung gefragt haben, ob denn ein solcher Versuch, einen neuen deutschen Staat als Demokratie zu entwickeln und zu etablieren, überhaupt Erfolg versprechend sei, daran muss man gelegentlich erinnern, weil uns allen, die wir nicht älter oder deutlich jünger als das Grundgesetz sind, diese Verfassung inzwischen beinahe selbstverständlich erscheint. Das war sie gewiss nicht.

Es gehört zu den erstaunlichen Erfahrungen dieses Landes, dass das damals verfasste Grundgesetz eine Überzeugungskraft entwickelt hat, in deren Rahmen schließlich auch die deutsche Teilung überwunden werden konnte. Dass dies die freiheitlichste Verfassung ist, die dieses Land je hatte, ist hinreichend oft vorgetragen worden. Aber nicht ganz so häufig wird darauf hingewiesen, dass dieses Grundgesetz inzwischen zu den großen demokratischen Verfassungen der Welt zählt, dass es in vielen jungen Demokratien als Referenzmodell herangezogen wird nicht selten mit der beinahe treuherzigen Erwartung, man könne dieses Erfolgsmodell kopieren oder transferieren, um damit eine ähnlich stabile Grundlage für eine hoffentlich ähnlich stabile Demokratie zu gewinnen.

Dass das Grundgesetz der Bundesrepublik Deutschland, das mit der freundlichen Genehmigung und einer Reihe beachtlicher Auflagen der damaligen westlichen Alliierten ausdrücklich als vorläufige Grundordnung eines westdeutschen Teilstaates entstand, inzwischen eine längere Haltbarkeit hat als die Verfassung des Deutschen Reiches und der Weimarer Demokratie zusammengenommen, das gehört zu den erstaunlichen Erfahrungen unserer Geschichte, die allerdings wiederum die Frage nicht abschließend beantwortet, ob damit die Stabilität einer demokratischen Grundordnung ein für alle Mal gewährleistet ist.

Als der Parlamentarische Rat im September 1948 mit 65 von den gewählten Landtagen entsandten Mitgliedern, 61 Männer, ganze vier Frauen, zusammentrat und Konrad Adenauer zum Vorsitzenden dieses Parlamentarischen Rates gewählt wurde, hat er in seiner Antrittsrede gesagt: „Für jeden von uns war es eine schwere Entscheidung, ob er sich bei dem heutigen Zustand Deutschlands [...] zur Mitarbeit zur Verfügung stellen dürfe und solle. Ich glaube, [...] eine richtige Entscheidung auf diese Frage kann man nur dann finden, wenn man sich klarmacht, was denn sein würde, [...] wenn dieser Rat nicht ins Leben träte." Etwas salopp formuliert: Auf die erste Frage hatte auch Adenauer keine für sich überzeugende Antwort. Ob das wirklich Erfolg versprechend sein würde, konnte er weder für sich noch für irgendjemand anderen plausibel beantworten. Aber die Frage, ob es eine überzeugende Begründung dafür gebe, sich dieser offenen Herausforderung zu verweigern, führte bei ihm wie bei anderen zu der Bereitschaft, genau diese Aufgabe anzunehmen, auch wenn man nicht wissen konnte, ob sie gelingt. Übrigens konnten die Beteiligten nicht nur nicht wissen, für welche Art von möglichen Regelungen es die notwendige Mehrheit geben würde; sondern auch die Frage, ob die Alliierten – auf deren förmliche Weisung dieser Parlamentarische Rat eingesetzt worden war – das Ergebnis seiner Beratung überhaupt akzeptieren würden, das konnte niemand verlässlich einschätzen. Denn Deutschland war damals kein souveräner Staat; er wurde es im Übrigen nicht einmal mit der Verabschiedung des Grundgesetzes – das hat noch einmal einige Jahre gedauert und zusätzlicher Vereinbarungen vor allem im Bereich der Außen- und Sicherheitspolitik bedurft.

Ich habe schon darauf hingewiesen, dass der Parlamentarische Rat seine Arbeit aufgrund eines Auftrages der Alliierten der drei westlichen Besatzungszonen aufgenommen hat, die den elf Ministerpräsidenten in ihren jeweiligen Besatzungszonen den Auftrag erteilt hatten, bis zum 1. September 1948 eine verfassungsgebende Versammlung einzuberufen mit der Maßgabe, sie solle „eine demokratische Verfassung ausarbeiten, die für die beteiligten Länder eine Regierungsform des föderalistischen Typs schafft, die am besten geeignet ist, die gegenwärtig zerrissene deutsche Einheit schließlich wiederherzustellen und die Rechte der beteiligten Länder schützt, eine angemessene Zentralinstanz schafft und die Garantien der individuellen Rechte und Freiheiten enthält".

Das war die Vorgabe, hinreichend präjudizierend, was eine Reihe von Grundsatzfragen angeht: sicher kein Zentralstaat, sondern ein föderalistischer Staat, angemessene Zentralinstanz, was immer das bedeuten mochte, Garantien individueller Rechte und Freiheiten. Erledigt wurde diese Aufgabe in acht Monaten und acht Tagen. Einmal nur nachrichtlich: Für die Föderalismusreform haben wir deutlich länger gebraucht; das war offenkundig die schwierigere Aufgabe im Vergleich zur Schaffung des Grundgesetzes – und ob das eine oder das andere Ergebnis eher überzeugt, mag jeder für sich beantworten.

Es hat auch im Parlamentarischen Rat vielerlei Anläufe gegeben, dieses und jenes in die Verfassung zu schreiben, von dem der- oder diejenige, die es vorschlug, fest überzeugt war, dass es unbedingt in eine Verfassung gehöre. Das allermeiste davon war jedenfalls nicht mehrheitsfähig. Noch kurz vor Schluss der Beratung hat Konrad Adenauer weitere Ergänzungsanträge mit dem Argument zurückgewiesen, man müsse nicht die Zehn Gebote erneut formulieren, sondern solle schlicht ein Grundgesetz für diesen neuen Staat entwickeln.

Das führt uns wieder zurück zum Grundgesetz und zur Stabilität politischer Systeme sowie der

Weisheit von Verfassungsvätern und -müttern und dem, was damals in einer bemerkenswerten Weise unter schwierigsten Bedingungen gelungen ist, und von dem wir uns eines nicht einreden sollten: Eigentlich sei das alles ziemlich selbstverständlich. Wenn es irgendetwas nicht ist, dann selbstverständlich.

Viele andere Szenarien wären viel plausibler gewesen als das Szenario, das stattgefunden hat. Dass dieses Land jemals wieder auf eigene Füße kommen würde, jemals wieder prosperieren könnte, dass es sogar am Ende seine Einheit wiederfinden würde – im Einvernehmen mit sämtlichen Nachbarn – durch den denkwürdigen, historisch beispiellosen Beschluss des ersten frei gewählten Parlaments des anderen deutschen Staates, „dem Geltungsbereich des Grundgesetzes beizutreten", gehört zu den Wundern der Geschichte, die glücklicherweise zu unseren Lebzeiten stattgefunden haben und von denen wir, je länger sie zurückliegen, umso lieber annehmen, dass es sich eigentlich von selbst verstehe. Wenn es eine herausragende deutsche Begabung gibt, dann ist es wohl die Begabung, ein und dieselben Ereignisse, die wir Jahrzehnte lang für völlig ausgeschlossen gehalten haben, in dem Augenblick, wo sie dennoch eingetreten sind, für eine schiere Selbstverständlichkeit zu halten.

Demokratie in Europa: geteilte Souveränität in einer globalen Welt

Auch Europa als Staatengemeinschaft hat inzwischen eine politische Verfassung, allerdings in Ermangelung einer geschriebenen Verfassung ein immer mehr ausuferndes System europäischer Verträge, die eine Art von Verfassungsersatz geworden sind mit der Folge, dass immer mehr Sachverhalte, die durch Verträge unter allen Mitgliedsstaaten geregelt worden sind, auch der Gestaltungsmacht eines demokratisch gewählten Parlaments durch Mehrheitsentscheidungen faktisch entzogen sind, weil sie nur durch Vertragsänderung, also im Einvernehmen aller Mitgliedsstaaten, korrigiert werden können. Das ist ein viel gravierenderes Demokratieproblem als die immer wieder eher gebetsmühlenartig behauptete fehlende demokratische Legitimation europäischer Institutionen, an dem wir vor, während und

nach den Europawahlkämpfen sicher gemeinsam gründlich arbeiten müssen.
Es gehört aus verständlichen Gründen zum politischen Jargon, die jeweils nächste Wahl für die wichtigste zu erklären. Das ist selten ganz falsch, ganz richtig ist es aber auch selten. Jedenfalls fällt es uns allen nachträglich nicht schwer, zwischen verschiedenen Wahlen doch sehr unterschiedliche Bedeutungen wahrzunehmen. Das Problem dieses Jargons besteht darin, dass die Inflationierung der Bedeutungsbehauptung dazu führt, dass es kein Mensch mehr glaubt, wenn erneut vorgetragen wird, die nächste Wahl sei aber sicher die wichtigste. Die nächste Wahl zum Europäischen Parlament wird allerdings tatsächlich mit an Sicherheit grenzender Wahrscheinlichkeit nicht nur für die nächsten fünf Jahre darüber entscheiden, ob überhaupt und welche Entwicklungsmöglichkeiten diese Europäische Union noch hat.
Deswegen kann man sich selbst und alle Wahlberechtigten nicht oft genug auf die überragende Bedeutung dieser notorisch unterschätzten Wahlen hinweisen, die über ihre eigenen Zukunfts-

perspektiven ganz sicher nicht weniger entscheiden als Bundestagswahlen, Landtagswahlen oder Kommunalwahlen, bei denen dieser Zusammenhang für die meisten offensichtlich leichter nachzuvollziehen ist. Seit den ersten Wahlen zu einem Europäischen Parlament vor 40 Jahren könnte dieses Mal eine beachtliche Anzahl europakritischer und integrationsfeindlicher Parteien mit ihren Stimmen jeden substanziellen Fortschritt blockieren. Gemeinsam ist rechts- wie linkspopulistischen Gruppierungen die Renationalisierung von Aufgaben und Kompetenzen zwischen der Europäischen Union und ihren Mitgliedsstaaten mit dem Ziel der Wiederherstellung nationaler Souveränität.

Eine der erstaunlichsten Reden hat Konrad Adenauer, jedenfalls unter diesem Gesichtspunkt, mit Blick auf das Grundgesetz vor dem Senat der Vereinigten Staaten am 28. Mai 1957 gehalten: „Zum Ruhme der Weitblickenden unter unseren Verfassungsgebern können wir heute feststellen, dass unser Grundgesetz bereits eine Bestimmung vorgesehen hat, die Übertragungen von Souveränität durch einfaches Gesetz gestattet. Das war ein großer Entschluss. Er bedeutet nicht weniger als eine Absage an den für die zersplitterte europäische Staatenwelt nicht mehr zeitgemäßen Gedanken, dass der Nationalstaat die letzte und höchste Größe des politischen Lebens sei -- eine Idee, die Europa in der Vergangenheit untragbar viel Gut und Blut gekostet hat.“ Der Satz ist jetzt mehr als sechzig Jahre alt. Viele Jüngere laufen heute mit den dumpfesten denkbaren nationalistischen Parolen hinter einer Einsicht her, die dieser große alte Mann schon vor mehr als einem halben Jahrhundert hier und in der Welt vertreten hat.

Natürlich war der europäische Einfluss auf das Weltgeschehen mit Blick auf die gemeinsame, zurückliegende Geschichte schon zu Leb- und Amtszeiten von Konrad Adenauer dramatisch zurückgegangen. Unter Historikern besteht heute kaum noch ein Zweifel daran, dass – wenn sich überhaupt so etwas genau datieren lässt – mit dem Ende des Ersten Weltkrieges die Zeit der europäischen Dominanz der Weltgeschichte definitiv zu Ende war. Als die Europäische Union gegründet wurde, die wir meist mit den Römischen Verträgen 1957/58 beginnen lassen, da hatten die damaligen sechs Gründungsstaaten der Europäischen Gemeinschaft zusammen knapp 200 Millionen Einwohner. Das waren damals schon nicht mehr zehn Prozent der Weltbevölkerung. In der Zwischenzeit ist Europa scheinbar ständig gewachsen, besteht im Augenblick – immer noch – aus 28 Mitgliedsstaaten mit zusammen 500 Millionen Einwohnern, die jetzt ganze 6,8 Prozent der Weltbevölkerung ausmachen. Wenn jemand ernsthaft glaubt, unter diesen veränderten Bedingungen spiele irgendein europäischer Nationalstaat alleine eine relevante Rolle, hat er die Welt des 21. Jahrhunderts offensichtlich nicht begriffen.

Die Vorstellung, dass unabhängig von den veränderten Größenordnungen der Rest der Welt nur an europäischen Modellen interessiert sei und die eigene Ökonomie, Gesellschaft und Politik ganz sicher nach in Europa entstandenen Mustern organisieren würde, ist jedenfalls außerhalb der Welt, in der wir leben. Nun könnte es aber sein, dass wir – jedenfalls als Europäer – ein Interesse daran haben, die Modelle und die Regeln, die wir entwickelt haben und von deren Überlegenheit wir überzeugt sind, auch für die Zukunft zu sichern; dann müssen wir die Frage beantworten, ob wir das überhaupt können und wenn ja, wie. Für alle großen Herausforderungen ist offenkundig, dass wir es entweder gemeinsam schaffen oder es sicher nicht gelingt.

Dass dabei nicht alle europäischen Staaten in gleicher Weise herausgefordert sind, ergibt sich aufgrund der extrem unterschiedlichen Größenordnungen in Bezug auf die wirtschaftliche Leistungskraft und politische Stabilität von alleine; und die Frage, auf welches europäische Land insofern wohl die größte einzelne Verantwortung zukommt, beantwortet sich von selbst: Deutschland. Von keinem anderen Land mehr als von Deutschland wird abhängen, ob und wie sich dieser europäische Prozess weiterentwickelt – sowohl quantitativ wie qualitativ

Verfassung zwischen Verpflichtungen und Veränderungen

Es gibt ein Missverständnis, das sich manchmal zufällig, gelegentlich vielleicht auch mit Absicht, in diesen Diskussionen immer wieder beobachten lässt und als Argument gegen Verbindlichkeiten und den Versuch ihrer Formulierung und ihrer Festschreibung vorgetragen wird, nämlich die Vermutung, da habe mal irgendwann eine mehr oder weniger zufällige, eher kleine als größere Gruppe von Personen von dem Privileg rücksichtslos Gebrauch gemacht, für spätere Generationen festzulegen, was für alle Ewigkeit gelten soll. Auch diese Vermutung erweist sich bei genauem Hinsehen als nicht wirklich tragfähig, denn der virtuelle Kanon von gemeinsamen Erfahrungen, Überzeugungen, Orientierungen, Traditionen einer Gesellschaft ist eben nicht ein für alle Mal fixiert; er wird ständig fortgeschrieben.

An dieser Fortschreibung mitzuwirken, sind alle eingeladen, die in diesem Land leben und bleiben wollen. Das, was in diesem Land Geltung beansprucht, ist eben nicht ein für alle Mal und unveränderlich in ehernen Lettern gegossen, sondern es kann sich in einer mal mehr und mal weniger auffälligen Weise verändern.
Die damaligen Verfassungsväter und Verfassungsmütter wären wahrscheinlich hochgradig erstaunt, welches Familienverständnis wir heute haben und in einer wie nachhaltigen Weise wir die rechtlichen Rahmenbedingungen der verschiedensten Formen der Organisation von Lebensverhältnissen inzwischen für möglich und angemessen halten. Hier wird deutlich, dass eine Gesellschaft natürlich keine Skulptur ist, sondern ein lebender Organismus, und wo sich aus dem Gespräch einer Gesellschaft mit sich selbst, der Generationen untereinander, auch Fortschreibungen ergeben, die mit mal mehr und mal weniger großem zeitlichem Verzug ihren Niederschlag auch in der Rechtsordnung einer Gesellschaft finden.

Fast schon witzig ist, dass ein beachtlicher Teil derjenigen, die die Vorstellung einer Leitkultur für völlig absonderlich halten, in bestimmten Bereichen – bleiben wir mal beim Thema Familienverständnis – auf der rechtlichen Fixierung veränderter Vorstellungen mit Nachdruck bestehen und es keineswegs für ausreichend halten, dass es auch etwas anderes gibt, sondern das, was es anderes gibt, auch Ausdruck im rechtlichen Selbstverständnis einer Gesellschaft finden müsse.
Unabhängig von spontanen Reflexen und Sympathien gilt: Die Freiheitsfähigkeit einer Gesellschaft hängt entgegen weitverbreiteter Vermutungen auch und gerade von ihrer Bindungsbereitschaft ab. Ohne ein Mindestmaß an Gemeinsamkeiten ist der Zusammenhalt einer Gesellschaft nicht aufrechtzuerhalten.
Die Frage, ob in einer Gesellschaft mit all ihren unterschiedlichen Interessen und Anlagen und Bedürfnissen in Konfliktsituationen prinzipiell ein Vorrang von Männern gegenüber Frauen gelten soll – keine erfundene Fragestellung, sondern eine durch die Kulturgeschichte der Menschheit

für Jahrtausende virulente Frage –, ist ja alles andere als theoretisch. Und klar ist: In ein und derselben Gesellschaft kann nicht beides gleichzeitig gelten. Es kann nicht gleichzeitig der Anspruch auf Vorrang des Mannes und der Gleichberechtigung von Frau und Mann gelten.

Die Frage, ob die letzten Verhaltensdispositionen mit Durchsetzungsanspruch für alle Mitglieder einer Gesellschaft von Religionen zu formulieren seien oder von der staatlichen Ordnung, ist eine über Jahrtausende die Gesellschaftsgeschichte, die Menschheitsgeschichte quälende und beschäftigende Grundsatzfrage gewesen. Auch das sogenannte christliche Abendland hat beinahe 2 000 Jahre gebraucht, bis es diese Frage für sich zugunsten des Vorrangs staatlicher vor religiösen Regeln entschieden hat. Und unabhängig von der Frage, ob man das unter jedem Gesichtspunkt für einen Fortschritt der Menschheit halten soll und muss, ist jedenfalls klar: In ein und derselben Gesellschaft kann nicht beides gleichzeitig gelten: der Vorrang religiöser Normen und/oder der Vorrang staatlicher Normen. Es muss klar sein, was gilt. Ohne Verbindlichkeit erträgt eine Gesellschaft Unterschiede nicht. Die Durchsetzung dieser Verbindlichkeit ist auch die Voraussetzung für Religionsfreiheit. Würde es einen Vorrang religiöser Überzeugungen vor staatlichen Setzungen geben, könnte es logisch zwingend nicht Religionsfreiheit geben, jedenfalls dann nicht mehr, wenn man unter Religionsfreiheit nicht die Freiheit für eine gegen alle Religionen versteht, sondern die Freiheit, sich frei für eine Religion zu entscheiden, einschließlich der Freiheit, sich für keine bzw. gegen alle zu entscheiden.

Es hat weit mehr als nur statistische Bedeutung, dass die Verfassung, die – wenn auch unter zu Recht erschwerten Bedingungen – ihrerseits änderungsfähig ist, durch den Gesetzgeber im Laufe der siebzig Jahre bundesdeutscher Geschichte nicht nur gelegentlich, sondern erstaunlich häufig geändert und ergänzt worden ist – mit dem Ergebnis, dass das Grundgesetz heute ziemlich genau doppelt so lang ist wie damals. Die ernsthafte Behauptung, es sei jetzt auch doppelt so gut, habe ich bis heute noch nicht gehört; eher schon den Hinweis, dass es manche unvermeidliche Ergänzungen gegeben hat, aber sicher auch manche vermeidbare. Und dass etwa 90 Prozent der mehr als sechzig Verfassungsergänzungen, die es in den letzten siebzig Jahren gegeben hat, in Zeiten der Großen Koalitionen beschlossen worden sind, wird niemanden ernsthaft überraschen; es legt aber den nicht banalen Verdacht nahe, dass Große Koalitionen, solange sie noch mit verfassungsändernden Mehrheiten ausgestattet sind, gerne der Versuchung erliegen, untereinander gefundene Lösungen der Veränderungsberechtigung künftiger Wahlen und Parlamente durch Verfassungsergänzung zu entziehen. Das ist ein Punkt, über den es – runde Jahrestage hin oder her – in einem Jahr, in dem wir den 70. Geburtstag des Grundgesetzes feiern, im wörtlichen und übertragenen Sinne des Wortes, selbstkritisch nachzudenken lohnt.

Demokratie braucht Demokraten

Wie stabil sind liberale Grundordnungen? Wie stabil ist unsere liberale Grundordnung? Solche Fragen lassen sich mit dem gebotenen zeitlichen Abstand verlässlich eher von Historikern beantworten als von Verfassungsrechtlern, Staatsrechtslehrern oder Politologen, von handelnden Politiker gar nicht zu reden. Gibt es überhaupt stabile politische Systeme? Die Frage ist keineswegs banal. Und wovon hängt die Stabilität politischer Systeme eigentlich ab? Dass Demokratien jedenfalls keine eo ipso stabilen, sich selbst erhaltenden Systeme sind, dafür gibt es in der Historie hinreichend viele Beispiele – auch und gerade in der deutschen Geschichte und bedauerlicher Weise auch in der Gegenwart.

Unter den vielen Ereignissen, Entwicklungen, Rahmenbedingungen und Faktoren, die die kurze Geschichte der Weimarer Republik begleitet und am Ende ihr frühes Ende verursacht haben, ist mit

Blick auf die Beendigung einer demokratischen Verfassungsordnung der wohl wichtigste operativ entscheidende Umstand gewesen, dass in bis zum Ende im Großen und Ganzen freien und fairen Wahlen letztlich das Wahlverhalten einer Mehrheit der Wahlberechtigten Verfassungsfeinden die Dispositionen über die Lebenswirklichkeit dieser Republik in die Hand gegeben hat.

Manche der Debatten, die damals geführt wurden oder die heute mit Blick auf eine kritische Nachlese von tatsächlichen und vermeintlichen Defiziten der Weimarer Verfassung geführt werden, kommen uns sehr aktuell vor, und sie sind es auch: die Zweifel an der Repräsentativ-Verfassung, die Erwartung von Alternativformen einer möglichst breiten politischen Beteiligung, die Konzentration auf das eigene Land und die Weigerung, Kompetenzen zu teilen, um in einer gründlich veränderten globalisierten Welt durch geteilte Souveränität einen möglichst großen Einfluss auf die gründlich veränderten Rahmenbedingungen zu behalten.

2018 ist ein Buch von zwei amerikanischen Politikwissenschaftlern, Steven Levitsky und Daniel Ziblatt, erschienen mit dem schlichten Titel „Wie Demokratien sterben". Das Deprimierende an dem Buch ist: Man schlägt es zu und fragt sich, was haben die Autoren eigentlich Neues entdeckt, und kommt zu dem Ergebnis – nichts. Alles, was sie schreiben, haben wir mitbekommen, wir haben nur die Bedeutung nicht registriert. Und sie beschreiben an mehr als zwei Dutzend Beispielen, wie bestehende, in Entwicklung befindliche, mehr oder weniger etablierte Demokratien erodieren. Eine Erfahrung, die wir Deutsche in Gestalt der Weimarer Republik schon vor achtzig, neunzig Jahren gemacht haben. Und sie weisen darauf hin, früher seien Demokratien klassischer Weise gefährdet gewesen durch Militärputsche, durch Bürgerkriege oder durch externe militärische Angriffe. Heute, sagen die Autoren, werden Demokratien nicht mehr durch Militärputsche gestürzt. Sie gehen auch nicht in Bürgerkriegen unter. Sie scheitern in Wahlen; sie werden durch Wahlergebnisse gefährdet, durch die sich alte und neue Formationen legitimiert fühlen, mit dieser demokratischen

Legitimation im Rücken Minderheitsrechte zu beschneiden, die Unabhängigkeit der Justiz aufzuheben oder die Freiheit der Medien, nicht selten beides, vorzugsweise ohne förmliche Änderung der Verfassung, und auf diese Weise das, was wir für selbstverständlich halten, am Ende nicht nur nicht zu bewahren, sondern zu beseitigen.
Barack Obama hat in seiner Abschiedsrede in Chicago wenige Tage vor dem Amtswechsel den schlichten, aber prägnanten Satz gesagt: „Die Demokratie ist immer dann am meisten gefährdet, wenn die Menschen beginnen, sie für selbstverständlich zu halten." Er hat damals vermutlich noch nicht geahnt, wie schnell das auch für sein eigenes Land zutreffen könnte. Für uns trifft es sicher zu. Wir halten die Demokratie längst für selbstverständlich. Wir haben sie zwar erst seit siebzig Jahren, aber das ist lang genug, um zu glauben, anders als demokratisch könne es ja gar nicht sein.

Politische Systeme sind nicht unsterblich. Es gibt keine Überlebensgarantie, weder für autoritäre noch leider für demokratische Systeme. Und die jüngeren Entwicklungen in den Vereinigten Staaten, in Ungarn, in Rumänien, in Polen, in Italien, in Deutschland sind mindestens Indizien dafür, dass Demokratien keine sich selbst erhaltenden Systeme sind. Wer oder was entscheidet über die Stabilität einer liberalen Grundordnung? Jedenfalls nicht der Verfassungstext, sondern die Entschlossenheit der Staatsbürgerinnen und Staatsbürger, die Stabilität einer demokratischen Verfassung noch wichtiger zu finden als die jeweiligen eigenen politischen Präferenzen. Das kann man für eine Zumutung halten und in bestimmten konkreten Situationen ist es auch eine. Aber sie ist die Voraussetzung dafür, einem ganzen Land, einer ganzen Gesellschaft und allen Menschen, die in ihr leben, größere und irreparable Zumutungen zu ersparen.

Vielleicht ist das größte Überlebensrisiko einer vermeintlich stabilen Demokratie die Großzügigkeit, dass sie ihren Bürgern ermöglicht, sich zu beteiligen, aber niemand dazu verpflichtet. Es geht aber um unser Land, unsere Demokratie; dafür sind wir und nur wir verantwortlich – wir, das heißt jeder Einzelne von uns.

***

Anmerkungen

Dieses Buch beruht auf drei Vorträgen, die Norbert Lammert 2018/2019 hielt:

Flagge zeigen! Zum Selbstverständnis unseres Staates und zum Selbstbewusstsein unserer Gesellschaft
In Kooperation mit dem Rotary Club München-Schwabing lud die Katholische Akademie Bayern den ehemaligen Bundestagspräsidenten zu den „Schwabinger Vorträgen" ein. Am 16. Juli 2018 sprach der CDU-Politiker zum Thema „Flagge zeigen! Zum Selbstverständnis unseres Staates und zum Selbstbewusstsein unserer Gesellschaft".

Unsere Demokratie und ihre Verfassung
Vortrag anlässlich des 143. Geburtstags von Konrad Adenauer am 5. Januar 2019 bei der jährlichen gemeinsamen Veranstaltung der Stiftung Bundeskanzler-Adenauer-Haus und der Konrad-Adenauer-Stiftung in Königswinter/Bonn.

Wie stabil ist unsere liberale Grundordnung? Internationale Perspektiven zur Zukunft demokratischer Verfassungen
Rede im Rahmen der „Woche der Demokratie" des Deutschen Nationaltheaters Weimar in Kooperation mit dem Goethe-Institut am 5. Februar 2019 im Deutschen Nationaltheater in Weimar.

Norbert Lammert

Norbert Lammert hat die Politik in Deutschland über fast vier Jahrzehnte aktiv begleitet und in wichtigen Ämtern mitgestaltet. Zwölf Jahre war er Präsident des Deutschen Bundestages, dem er von 1980 bis 2017 angehörte. In den Regierungen von Helmut Kohl amtierte er als Parlamentarischer Staatssekretär in den Bundesministerien für Bildung und Wissenschaft, für Wirtschaft und schließlich für Verkehr sowie als Koordinator der Bundesregierung für die Luft- und Raumfahrt.

Begonnen hat Norbert Lammert sein politisches Engagement als Mitglied des Rates seiner Heimatstadt Bochum, wo er 1948 geboren wurde. Über zwanzig Jahre war er Parteivorsitzender der CDU im Ruhrgebiet, dem er bis heute in Aufsichts- und Beratungsgremien der Wirtschaft wie der Kultur eng verbunden geblieben ist.

2003 erhielt Lammert einen Lehrauftrag für Politikwissenschaft der Ruhr-Universität Bochum, die ihn 2008 zum Honorarprofessor ernannte. Seine zahlreichen Publikationen befassen sich mit gesellschafts-, wirtschafts- und kulturpolitischen Themen.

Seit Januar 2018 ist er Vorsitzender der Konrad-Adenauer-Stiftung.